あたたかい海にうかぶ島でくらすしろたん。

今日も大好きなお友達と

のんびりしあわせにすごしています。

そんなしろたんたちの心があたたかくなるお話です。

この本に出てくる お友達

しろたんの世界にいる
楽しいお友達。

しろたん
のんびりやさん。氷の国に生まれたが、あたたかい海にうかぶ島にきて、くらすようになった。

らっこいぬ
ちょっぴりおくびょうだけど、とてもやさしい。おなかの毛はふわふわで手ざわりがいい。

しえる

元気いっぱいで、おしゃべり好き。らっこいぬの大切なあいぼうで、いつもいっしょにいる。

らむね

いっしょうけんめいで、とてもがんばりやさん。水の中をすいすい泳ぐのが得意。

リスさん
森の中のおうちに住む、親切なリス。ふかふかの大きなしっぽは、だきまくらになる。

カモメさん
海の上をあてもなく飛ぶのが大好き。おっちょこちょいで、よくものをなくしてしまう。

タコクラゲさん
流行にびんかんな、海いちばんのおしゃれさん。マイブームはフリフリの付けえり。

もくじ

プロローグ · 2

この本に出てくるお友達 · · · · · · · · · · · 4

雲の上のピクニック
〜ふわふわ草をさがしに〜 · · · · · · · · · · 9

らっこいぬと雨の日 · · · · · · · · · · · · · · 29

しあわせのクローバーさがし · · · · · · · · 41

みんなでにじいろお絵かき♪ · · · · · · · 59

海の中のさがしもの · · · · · · · · · · · · · · 73

あとがき · 111

手づくりコーナー
しろたんのもこもこマスコット · · · · · · · · · · · 104

雲の上のピクニック
～ふわふわ草をさがしに～

ある日、空をながめながらのんびりしていた4人。
「雲の上に生える植物"ふわふわ草"って知ってる?」
空を飛ぶことにあこがれをもっているペンギンのらむねが言いました。
「ふわふわ草を食べると、空を飛べるようになるらしいよ!」

「へえ~! どんな味なんだろう!」と、
しろたんがおなかを鳴らしながら言いました。
「雲の上にも植物が生えるの?」「どんな草しえる?」

「ふわふわ草は特別な植物でね、色は真っ白!
名前の通り、ふわふわしてるんだって!」
らむねが目をかがやかせると、しろたんは言いました。
「みんなで行ってさがしてみようよ♪」

らむねはびっくり。「ええ? どうやって?」
「気球に乗ってのんびり行こう♪ おいしいものを持っていって、
雲の上でピクニックもしようよ!」

11

そして次の日。4人はふわふわ草をさがすため、
気球に乗って空の上までやってきました。

「もし空を飛べたらなにをしよう！　鳥さんと追いかけっこしたり、
星空を近くで見たり、楽しみだなぁ……わぁ！」
なんと、らむねは想像に夢中になりすぎて、気球から落ちてしまいました。
「わぁーーーー!!!」

「いたた……くない」
落ちた場所がふわふわな雲のおかげで無事です。

「だいじょうぶ!?」
「うん、無事だよ。心配かけてごめんね」「ケガがないならよかったぁ」
4人は、そこの雲でふわふわ草をさがすことに。
しかし、なかなか見つかりません。

「なんだか、おなかすいちゃったなぁ。休けいしよう！」
しろたんの言葉を合図に、楽しいピクニックタイムがはじまりました。

らっこいぬの特製サンドイッチに、
しろたんががんばってつくったクッキー、
らむねが持ってきたラムネをみんなで味わいました。

やがておなかいっぱいになると、4人は雲の上でゴロゴロ。
「しろたん、落ちないように気をつけてね」らっこいぬは心配そう……。

それからふたたびふわふわ草をさがしましたが、
やっぱり見つかりませんでした。
「今日はもう帰ろうか。またみんなでさがそうね」
そうして気球に乗って地上へもどりました。

気球は無事地上へ着地。しろたんが先にピョン、と砂浜へ下りました。
「あちち！」砂浜は夏の日差しですっかり熱くなっていました。

「しろたんだいじょうぶ？　もどっておいで」
気球へひっぱり上げるためにのぞきこんだらっこいぬはびっくり！
「しろたん！　頭になにか生えてるよ!?」

なんとしろたんの頭の上には、ふわふわ草が生えていたのです。

「ふわふわ草だ！ 本当にふわふわしてる！」らむねは大喜び。
「ぼくも白いから雲とまちがえて生えてきちゃったのかなぁ〜」
しろたんはのんびり言いました。
みんなは顔を見あわせてほほえみました。

しろたんはふわふわ草をそっと手にとり、らむねにわたしました。
「はい、どうぞ」

「いいの?」
「うん! きみがほしかったものでしょう」
「ありがとう! でも、みんなでさがしたんだから、
少しずつ分けて食べようよ!」

「やさしい味がするね」「わたあめみたいに口の中でとけるしぇる〜」
「これで飛べるようになったのかな？」
しかし、体は地面から10cm うくだけ……。
「えっ？　たったこれだけ？」らむねはガックリとかたを落とします。

「ちょっとずつしか食べられなかったから、高く飛べないのかなぁ」
らっこいぬは言いました。
「わぁ〜！」向こうからしろたんのうれしそうな声がします。

「足が地面につかないから、砂浜も熱くないよ♪
それに、夏なのにまるでスケートしてるみたい!」と、
すーいすーいと優雅にすべっています。

「しろたん、とっても楽しそう！」と、らっこいぬもニコニコ笑顔♪
さらにしろたんはおどろきます。
「わぁ！　みんな〜見て見て！　海の上も歩けるよ！」
「ぼくたちも行こう！」らっこいぬは、らむねをさそいます。

海の上で遊ぶしろたん、らっこいぬ、しぇるの笑顔……。
その楽しそうなすがたを見ていると、
らむねの残念な気持ちはすっかり消えて心からワクワクしました。

「「「らむね、おいで〜！」」」「うん！　今行くね！」
思い出いっぱいの一日になった4人なのでした。　　　　　　　　おしまい

らっこいぬと雨の日

ある朝起きると、しとしとと雨がふっていました。
らっこいぬがつまらなさそうな表情で外をながめています。
「どうしたの？」としろたんがとなりにすわりました。
「ぼくは雨がちょっと苦手なんだ」
らっこいぬは冷たい雨にふられて、かぜをひいてしまったことがあるのです。

「目をつぶって耳をすましてごらん」としろたん。
ポチョン、ピチョン……。おもしろい音が聞こえてきました。
「これってなんの音?」らっこいぬは不思議そう。

「雨つぶが屋根に当たる音だよ」「ぼくはじめて聞いたよ！ 音楽みたいだね」
らっこいぬの表情がぱっと明るくなりました。
あとから起きてきたらむねとしぇるもいっしょに、
4人で雨の音にあわせてダンスを楽しみました。

「せっかくだからお外に行ってみない?」「行こう行こう!」
しろたんたちはワクワクしたようすですが、らっこいぬはとまどいました。
雨に当たったらかぜをひいてしまうかもしれない……と思ったからです。

すると、しろたんがカラフルな洋服を持ってきました。
「これはレインコートっていうんだよ。
雨にぬれないように、みんなのぶんをつくっておいたんだ」
そう言って、プレゼントしてくれました。

ワクワクをおさえきれず、しろたんたちはレインコートを着てお外に飛び出しました。
もじもじしていたらっこいぬも、みんなのはしゃいでいるすがたを見て、
えいっ と雨の中に飛びこんでみました。
レインコートが水をはじいて、ポツポツと楽しい音が聞こえます。
「わぁ、すごい！」らっこいぬは思わず笑顔になりました。

「ねぇ、カエルさんがいるよ〜♪」
らむねが葉っぱの上で、ケロケロと喜ぶ小さなカエルさんを見つけました。
「カエルさんは雨を待っていたんだね」としろたん。
らっこいぬはカエルさんのまねをして、ピョンピョンはねました。

ピチョン、ピチョンと雨つぶが当たり、
あじさいがキラキラにかがやくようすをらっこいぬがながめていると、
となりにやってきたしぇるがお花の上にすわり、しずくになりきって遊びました。

「ぼく、はじめて雨の中で遊んだよ。雨ってとっても楽しいね」
らっこいぬは感動して言いました。
すると、空から雨雲がサーっとひいて、お日さまが顔を出しました。
「晴れてきた〜まぶしいね!」みんなではしゃいでいると、
やがて空いっぱいに大きなにじがかかりました。

らっこいぬは、雨の日にはにじを見ることができるんだと気づいて、
しあわせな気持ちになりました。
にじがうすくなって、消えるまで、みんなで空を見上げていました。
「ぼく、しろたんのおかげで雨の日が大好きになったよ。ありがとう」
また雨がふる日を楽しみに思う、らっこいぬなのでした。　　　　　　おしまい

しあわせのクローバーさがし

ある日、しぇるが本を読んでいると、なにかがひらひらと落ちてきました。
「なにしぇる?」

拾うと、それは四つ葉のクローバーがおし花になったしおりでした。

ちょうどはさんであったページには、
四つ葉のクローバーについての説明がかいてありました。
「なになに……四つ葉のクローバーは幸福をもたらすしぇるか！」
しぇるの心はワクワクが止まりません。

「明日みんなと出かけたときに、こっそりさがしてびっくりさせたいしぇる♪
きっと喜ぶしぇる〜！」
3人の喜ぶすがたを思いうかべると、やる気がどんどんわいてきました。

次の日、4人はおかの上の原っぱにやってきました。

しえるは四つ葉のクローバーをさがしにこっそりぬけ出します。

「ここしぇるか？」「ないしぇる〜……」

しぇるはみんなのために、
いっしょうけんめい四つ葉のクローバーをさがしました。

そのころ、らっこいぬはしぇるがいないことに気がつきました。

みんなは大あわてでしぇるをさがします。

「しぇる〜!」

「どこにいるの〜!?」

日が落ちてきたころ、遠くのほうからしぇるのかげが見えました。

ぼろぼろになって、今にも泣きだしそうなしぇるのすがたにみんな心配します。
「しぇる、どうしたの!?」

「……しあわせの四つ葉のクローバーをみんなにあげたかったしぇる。おどろかせたくて、こっそりさがしてて……。やっと、やっと見つけられたのに、転んでちぎれ……ちゃった……」

ついになみだがこぼれだします。

「ふつうの三つ葉のクローバーになっちゃったしぇるぅ〜!」
ぽろぽろぽろぽろ、真珠のなみだがふえていきます。

「しぇる、ここにあるよ♪」

しろたんはしぇるが持ってきた
クローバーを手にとって言いました。
「え?」しぇるはポカンとしました。

らっこいぬとらむねもそのクローバーを見て、
「本当だ！」と言いました。

ちぎれてなくなった葉っぱのところをしぇるに向けると、
ちょうどしぇるの形が、四枚目の葉っぱのように見えるのです。

「しぇるといっしょにいることがしあわせだよ！」
らっこいぬはやさしく言いました。

「心配かけてごめんなさい〜」しぇるはまた、ぽろぽろなみだをこぼしながら
らっこいぬにむぎゅうされるのでした。

おうちに帰った4人は、三つ葉のクローバーをおし花のしおりにしました。
そして四枚目の葉っぱのスペースに、しぇるの似顔絵をかいたのでした。

みんなは顔を見あわせてニコニコほっこり♪

しあわせは、そばにあったんだね！

おしまい

みんなでにじいろお絵かき♪

森へお散歩に出かけたしろたんたち。
すると、リスさんがこまった顔でおうちのかべを見つめていました。

「リスさんどうしたの？」
「あ、しろたん！　ここ、真っ白でなんだかつまらないな〜って」

「……そうだ！
しろたんたちでここに
絵をかいてくれないかい？」
リスさんは言いました。

「わぁ、なんだか楽しそう！」「やるしぇる！」
みんなやる気まんまん！

さっそくみんなは絵をかくために着がえました。

「じゃあ、ぼくは用事があるからまたあとでね！」
リスさんは4人にその場をまかせると、
出かけていきました。
「よぉ～し、がんばるぞ！」

しろたんは青い空を、らっこいぬは白い雲を、
しぇるとらむねは原っぱとお花をかきました。

雨が止みはじめ、みんなは絵の前にかけつけました。

「もう少しで完成だったのに……」
雨でぬれてしまった絵は、すっかりくずれていました。

「だいじょうぶ」
しろたんは言いました。

「またみんなでかこうよ！　きっともっといいものがかけるよ♪」

落ちこんでいたらっこいぬとらむねは顔を見あわせ、
「うん！」と気合を入れました。

そしてふたたび筆を手にとり、4人は絵をかきはじめました。

「あ！　にじ！」
さっきまでの雨がうそのように、空に大きなにじがかかりました。

「そうだ！」
しろたんたちはなにか思いついたみたい。

なんとしろたんは、あざやかなにじをかきくわえたのです。

「すごいすごい！」と、らっこいぬは大はしゃぎ。
らむねもうれしそうに笑いました。

ちょうど、リスさんがもどってきました。
「みんな〜! 雨すごかったね。だいじょうぶ?
……わぁ!」

「すごくすてきな絵だね!
みんなありがとう!」
かべの絵を見たリスさんは
大喜びです。

「みんなの力でいい絵ができたね！」
しろたんが言いました。

大雨でくずれた絵は、より美しくよみがえったのでした。

おしまい

海の中のさがしもの

ここはしろたんがくらす島。
あたたかい海にうかぶ、すてきな場所です。
今日もしろたんは、仲よしのらっこいぬやしぇる、
らむねといっしょです。

てくてく歩いていたら、カモメさんに会いました。
あれれ、なんだかしょんぼりしています……。

「ブローチを海に落としてしまったの。
おばあちゃんが浜辺で拾った
きれいな石でつくってくれて、
とっても大切なものなんだ。
さがしに行きたいのに
ぼくの体じゃもぐれなくて……」

おこまりごとはほうっておけないしろたん。「さがしてきてあげるよ!」
らっこいぬもしぇるもらむねも大賛成です。

さっそくしゅっぱーつ……とその前に。
「いったいどんなブローチなの？」
らむねがたずねると、
カモメさんはブローチを思いうかべて言いました。
「赤くて、丸くて、すべすべしているよ」

これでよし。
気をとりなおして
今度こそ出発です。

「あれブローチかな？」
らっこいぬがサンゴのすきまに
赤くて丸いものを見つけました。
そうっと近づいてつついてみると……。

「あのう。わたしのおうちになにかごよう？」
イソギンチャクの中から小さなお魚さんが顔を出しました。

「なーんだ、カクレクマノミさんだったのか。
この辺りで赤いブローチ見なかった？」
「見てないよう……」
カクレクマノミさんは
はずかしそうにかくれてしまいました。

「しぇる〜！」
石をひっくり返していると、
しぇるが大きな声をあげました。
どうやらなにか見つけたようです。

なんと、赤くて丸くてすべすべです！
もっと近くで観察しましょう。

するとそのとき、
「ふぁ〜むにゃむにゃ。よくねたなぁ」
りっぱなハサミがにょきにょき生えて……。

「あらら、カニさんだったのか」

4人はがむしゃらにさがしてみましたが、
ブローチは見つかりません。

「このブローチ、とってもすてきでしょ？
お散歩していたら海の上から落ちてきたんだ～！」
「タコクラゲさんあのね……」
しろたんはブローチがカモメさんの大切なものであること、
みんなでさがしていたことを話しました。

ところが、タコクラゲさんはむずかしい顔をしてひと言。
「ダメダメ。とっても気に入っちゃったから、わたせないよ」

でも、このままひき下がるわけにはいきません。
説得を続けると、タコクラゲさんはしぶしぶ言いました。
「このブローチと同じくらいすてきなものと交換ならいいよ」

しろたんたちは体をさぐってみますが、
なにも持っていません。
すっかりこまってしまいました。

そのときです。
「あれなぁに？」
らっこいぬが遠くにある
銀色のかたまりに気がつきました。

かたまりはキラキラと形を変えながら、どんどん大きくなり……。

イワシさんの群れがすぎ去り、ほっとひと安心。

すると、タコクラゲさんが
そっとブローチを返してくれました。

あんなに気に入っていたのに……。みんな不思議な気持ちでいっぱい。
「ぼくたちはなにもあげていないのに、いいの？」

タコクラゲさんは少し照れくさそうに言いました。
「さっきは助けてくれてありがとう。
これはみんなのやさしさと引き換えだよ」

「タコクラゲさんありがとう!」
しろたんたちは陸を目指して
ぐんぐん泳ぎはじめました。

「カモメさんただいま！」
海から上がると、カモメさんが不安そうな顔で待っていました。
「おかえりなさい。ブローチ見つかった……？」

これで あってる かなぁ…

「これだよ、ぼくのブローチだ！
いっしょうけんめいさがしてくれて、本当にありがとう」
しろたんのふわふわな手のひらからブローチを受けとると、
カモメさんはなみだぐみました。

そして、ブローチをしっかりつけて
元気いっぱい飛んでいきました。
「もう落としちゃだめしぇるよー！」

数日後、しろたんのおうちに小包が届きました。

「カモメさんのおばあちゃんからだ！」

包みを開けると、
色とりどりのかわいいブローチが4つ。
カモメさんのおばあちゃんが
みんなのためにつくってくれたのでした。

「わぁ〜きれい！」
ブローチはみんなにとっても、大切な宝物になりました。　　おしまい

手づくりコーナー
しろたんのもこもこマスコット

ふんわりやわらかな素材を使って、いやし効果ばつぐんの
もこもこマスコットをつくろう！

材料
- 109ページの型紙・・・・・・・・・・・・・・・・・・・・・・1枚
- 転写紙・・・・・・・・・・・・・・・・・・・・・・・・・・・・・・・1枚
- ストレッチニット生地・・・・・・・・・・・・約65cm×30cm
- 綿・・・・・・・・・・・・・・・・・・・・・・・・・・・・・・・・・・・1袋
- 糸（白）・・・・・・・・・・・・・・・・・・・・・・・・・・・・・適量
- シールフェルト（黒）・・・・・・・・・・・・・・・・・・・1枚

道具 ボールペン、針、ハサミ、ピンセット

⚠注意すること
★つくりはじめる前に、かならずおうちの人に相談しよう。
★針やハサミをあつかうときは、大人といっしょに作業しよう。
★つくり終わったら、きちんと片づけよう。

① ストレッチニット生地の表を上にしておいたら、転写紙、109ページの型紙（切りとって使用）の順に重ねて、型紙の線をすべてボールペンでなぞっていこう。これがしろたんのおなか側の生地になるよ。

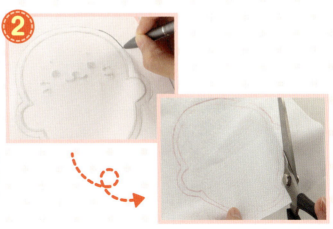

② 生地に①でかいた線のとなり（写真では上）に転写紙、裏向きにした型紙の順におき、外側2本のりんかく線だけをなぞろう。これがしろたんのせなか側の生地になるよ。なぞり終えたら、①と②のそれぞれいちばん外側の線にそって、ハサミで切っていこう。

針に糸を通して玉結びをつくったら、❷の中表(線を書いた表側どうし)をあわせて、なみぬいしよう。角のところはかならず針を入れてぬっていこう。

4cmほど開いた状態までぬったら玉どめして、ぬった生地を表に返すよ。しろたんの手としっぽの部分には指を入れてしっかり広げてね。

開いた部分から綿を入れていくよ。手としっぽの部分にもしっかり届くように綿をつめてね。

綿をつめたら、開いた部分を閉じるよ。糸を通した針をぬいしろの内側に通したら、巻きかがりぬい（布はしを巻きこむようにぬう）していき、最後に玉結びをするよ。

❶と同様の手順で、シールフェルトに顔のパーツをうつして、ハサミで切りとるよ。

❶でつけた印にそって、❼で切りとった顔のパーツを貼りつける。

この本を読んでくれたみんなへ

ぼくたちのお話を読んでくれてありがとう！

大好きな、らっこいぬ、しぇる、らむねたちと

たくさん遊んで、笑って、

ときには、こまったりなやんだり……

そんなお友達との毎日が、ぼくはとっても大好きなんだ

きっと……

その「大好き」のことを「しあわせ」っていうのかなぁ。

みんなもすぐそばにある大好きをさがしてみてね♪

みんなとまた会えるのを楽しみにしてるよ

しろたんより

しろたん しあわせをさがして

2024年10月1日 第1刷発行

作　しろたんチーム（株式会社クリエイティブヨーコ）

発行人　土屋　徹
編集人　志村俊幸
編集長　野村純也
企画編集　松尾智子
編集　竹田知華（株式会社スリーシーズン）
編集協力　新田奈巳、中原ゆりな、中澤若菜、川口太香恵（株式会社クリエイティブヨーコ）
イラスト　しろたんチーム
カバー＆本文デザイン・DTP　髙島光子（株式会社ダイアートプランニング）
発行所　株式会社Gakken
　　　〒141-8416　東京都品川区西五反田2-11-8
印刷所・製本所　中央精版印刷株式会社

●この本に関する各種お問い合わせ先
・本の内容については、下記サイトのお問い合わせフォームよりお願いします。
　https://www.corp-gakken.co.jp/contact/
・在庫については　TEL:03-6431-1197（販売部）
・不良品（落丁、乱丁）については　TEL:0570-000577
　学研業務センター　〒354-0045　埼玉県入間郡三芳町上富279-1
・上記以外のお問い合わせ先は　TEL:0570-056-710（学研グループ総合案内）

© 2024 CREATIVE YOKO CO., Ltd. All Rights Reserved.
© Gakken
本書の無断転載、複製、複写（コピー）、翻訳を禁じます。
本書を代行業者等の第三者に依頼してスキャンやデジタル化することは、たとえ個人や家庭内の利用であっても、著作権法上、認められておりません。

学研グループの書籍・雑誌についての新刊情報、詳細情報は、下記をご覧ください。
学研出版サイト　https://hon.gakken.jp